COMITÉ CENTRAL D'ÉTUDES ET DE DÉFENSE FISCALE
31, Rue de Valois, PARIS (1er Arrond^t)
Téléphone : Louvre 05-82

NOTRE RÉGIME FISCAL

d'après

l'Inventaire de la Situation financière de la France

au début de la 13e Législature

(RÉSUMÉ ET OBSERVATIONS CRITIQUES)

PAGES

PRIX : **3 francs**
Nos adhérents bénéficient d'une remise de 40 %

FÉVRIER 1925

CONSEIL DU COMITÉ CENTRAL D'ÉTUDES ET DE DÉFENSE FISCALE

PRÉSIDENT : M. R.-S. Carmichael, Président de l'Union des Syndicats Patronaux des Industries Textiles de France.

VICE-PRÉSIDENTS : M. de Rousiers, Secrétaire Général du Comité Central des Armateurs de France ; — M. Duchemin, Président de l'Union des Industries Chimiques.

TRÉSORIER : M. Roger Lehideux, Président de l'Union Syndicale des Banquiers de Paris et de la Province.

MEMBRES CONSEILLERS. — MM. Bauchère, Président de la Fédération des Chambres Syndicales des Fabricants de Chaux et Ciments de France ; — Bourdel, Président de la Fédération des Syndicats des Maîtres-Imprimeurs ; — Borderel, Président Honoraire du Groupe des Chambres Syndicales du Bâtiment ; — Chasles, Président de l'Association Nationale de la Meunerie Française ; — Delloye, Président du Comité Central des Fabricants de Sucre de France ; — Delloye, Président du Comité de Direction du Comptoir Général de Vente des Manufactures de Glaces ; — Dupuis, Vice-Président de la Fédération des Industriels et Commerçants Français ; — Guérineau, Président de la Chambre Syndicale de la Céramique et de la Verrerie ; — Hitier, Administrateur Général de la Société des Agriculteurs de France ; — Houette, Chambre Syndicale des Propriétes Immobilières de la Ville de Paris ; — Lambert-Ribot, Secrétaire Général de l'Union des Industries Métallurgiques et Minières ; — Lemy, Président de l'Union des Syndicats de l'Alimentation en Gros de France ; — Marc, Président de l'Union de la Propriété-Bâtie de France ; — Gaston Martin, Président de la Chambre Syndicale du Commerce des Papiers de France ; — Matignon, Président de l'Union Syndicale des Compagnies d'Assurances à Primes Fixes de toute nature ; — de Peyerimhoff, Vice-Président du Comité Central des Houillères de France ; — Prevet, Président Honoraire de l'Union des Syndicats de l'Alimentation en Gros de France ; — F. Roy, Vice-Président de l'Union des Syndicats Patronaux des Industries Textiles de France ; de Varreux, Président de la Chambre Syndicale des Propriétés Immobilières de la Ville de Paris.

SECRÉTAIRE GÉNÉRAL : M. G. Lecarpentier, Docteur en Droit, Diplômé de l'Ecole des Sciences Politiques.

STATUTS

Article premier. — Il est formé par les présentes, entre les fondateurs et tous ceux qui adhèreront aux présents statuts, une Association conformément à la loi de 1901. — Elle a pour objet l'étude et la sauvegarde des intérêts généraux de l'Agriculture, du Commerce, de l'Industrie, etc., en premier lieu au point de vue fiscal.

Article 2. — Cette Association prend le nom de Comité Central d'Etudes et de Défense Fiscale.

(Voir la suite à la page 3 de la Couverture.)

Notre Régime fiscal

d'après l'Inventaire de la Situation Financière de la France au début de la 13e législature

(Résumé et Observations critiques)

M. le Ministre des Finances vient de présenter à la Chambre (1) un *Inventaire de la Situation Financière de la France au début de la 13e législature.*

C'est un document dont personne ne pourra contester le très grand intérêt mais que son caractère officiel ne doit pas cependant mettre à l'abri de la critique.

La présente étude est consacrée à l'analyse critique dés passages (pp. 105 à 140) que ce document consacre à l'exposé de notre régime fiscal.

Pour faciliter à nos lecteurs l'étude de cette partie de « l'Inventaire » nous suivons pas à pas les développements qu'il contient sur « l'organisation générale du régime fiscal ».

*
* *

Les recettes fiscales de 1913 à 1923 (p. 105).

C'est avec un légitime orgueil que M. le Ministre des Finances établit tout d'abord, par la statistique des recouvrements fiscaux, « de quels sentiments d'abnégation patriotique la nation a fait preuve ».

Nous remarquons cependant que le tableau statistique de la page 105 ne contient pas, à partir de 1918, le recouvrement de la contribution extraordinaire sur les bénéfices de guerre. C'est

(1) En annexe au 1er volume du projet de loi portant fixation du Budget général de l'exercice 1925, N° 441.

une lacune regrettable, puisque ce tableau est indiqué comme résumant tous les recouvrements fiscaux effectués pour le compte de l'Etat, année par année, de 1913 à 1923 (1).

Dans ces conditions le tableau de la page 105 n'oppose aux 4 Milliards 135 Millions de recettes fiscales pour 1913 que :

13 Milliards 247 Millions pour 1920
15 — 813 — — 1921
17 — 479 — — 1922
20 — 591 — — 1923

Avec les recouvrements de la contribution extraordinaire sur les bénéfices de guerre qui, d'après nous, doivent être comptés, on constate les recouvrements de :

16 Milliards 184 Millions en 1920
19 — 125 — — 1921
19 — 545 — — 1922
21 — 924 — — 1923

Cette rectification effectuée, les recouvrements de 1923 ne sont plus, avec ceux de 1913, dans le rapport de 497 à 100, mais bien dans le rapport de 530 à 100.

Les recettes de 1924 devaient être d'après l'Inventaire (p. 106), avec celles de 1913 dans le rapport de 600 à 100. En réalité, elles ont été dans le rapport de 646 à 100 car les recettes fiscales de 1924 ont atteint 26 Milliards 497 Millions.

*
* *

Charge d'impôt par tête d'habitant (p. 106).

La charge d'impôt par tête d'habitant a passé de 104 fr. en 1913 à 524 fr. en 1923 et à 637 fr. en 1924, en ce qui concerne les impôts d'Etat.

Si l'on tient compte de la contribution des bénéfices de guerre il faut remplacer ces derniers chiffres par ceux de 559 et de 665 francs.

*
* *

Charge fiscale par rapport à l'importance des revenus privés (p. 106 à 109).

Les efforts que le rédacteur de l'Inventaire a faits ensuite pour essayer d'évaluer « la charge fiscale supportée en 1913 et en

---

(1) Les observations concernant la contribution des bénéfices de guerre se trouvent seulement aux pp. 109 à 112.

1923, par rapport à l'importance des revenus privés à ces deux époques » ne nous paraissent pas l'avoir conduit à une solution admissible du problème qu'il s'est efforcé de résoudre.

Pour déterminer la richesse effective des redevables aux dates envisagées, il y avait, sans aucun doute, « une double difficulté », tenant : l'une, à la dévalorisation de la monnaie entre ces deux époques, l'autre, aux moyens propres à déterminer quels « mouvements effectifs les revenus privés ont pu subir dans leur valeur-or même depuis 1913 ».

A notre avis, le rédacteur de l'Inventaire a cherché à résoudre ces difficultés d'une façon trop simpliste en ce qui concerne l'élément dévalorisation et, trop arbitraire, en ce qui concerne « les mouvements effectifs ».

Voici ce qui motive notre appréciation :

1° Pour convertir les francs des années 1922, 1923 et 1924 en « monnaie d'avant-guerre » le rédacteur de l'Inventaire a essayé d'établir deux valeurs de conversion : l'une reposant sur « le cours annuel moyen du change », l'autre « d'après l'indice annuel moyen du coût de la vie » (page 107).

Nous aurions sur ces bases, pour les années 1922, 1923 et 1924, des prélèvements fiscaux qui, par rapport au chiffre de 100 pris pour 1913, seraient :

en 1922	au minimum	de 142	au maximum	de 178
1923	—	de 150	—	de 157
1924	—	de 159	—	de 188.

Là-dessus le rédacteur de l'Inventaire « retient » pour 1924, 190 ou 160 du taux de prélèvement fiscal de 1913 afin de tenir compte de la dévalorisation de notre monnaie.

Mais il a négligé de nous fournir les données d'après lesquelles a été établi, pour chacune de ces années, « le cours annuel moyen du change » ; il ne nous dit pas si c'est sur la livre ou sur le dollar qu'il s'est basé, ni si ce cours annuel moyen est la moyenne entre le cours le plus bas et le cours le plus élevé de l'année, ou une moyenne normale mensuelle. Même manque de renseignements en ce qui concerne l'indice annuel du coût de la vie.

Comme, en un mot, il ne nous est fourni aucune donnée nous permettant d'apprécier la valeur scientifique des procédés d'estimation employés, nous ne pouvons rien « retenir » de ces calculs.

2° L'évaluation des « mouvements effectifs » des revenus privés est faite d'une manière qui nous paraît encore moins sûre.

Il y a — nous ne demandons qu'à le croire — des études sérieuses qui ont permis d'évaluer le montant annuel du revenu des particuliers en France à 35 Milliards 870 Millions « environ » pour 1913 (1).

« Aucune statistique, continue l'Inventaire, n'a été dressée depuis cette date, mais « un *examen rapide* » des situations individuelles *permet d'adopter*, pour l'année 1923 une évaluation qui, *tout en restant précaire et incertaine,* est susceptible de donner quelque indication au sujet de la richesse actuelle de nos nationaux ».

Pourquoi présenter ensuite des chiffres quand, suivant les expressions que nous avons soulignées, on prévient le lecteur que les bases sont précaires et incertaines ? Cependant l'Inventaire continue :

« Les revenus de l'agriculture, de l'industrie et du commerce *semblent* avoir *subi une majoration* (2) qui correspond à la dévalorisation de notre monnaie, soit 320 à 330 °/₀.

« Le doublement du produit des capitaux *apparaît vraisemblable* (3)...

D'où il appert que le « montant global des revenus privés paraît ainsi osciller actuellement aux abords de 350 °/₀ de son chiffre d'avant-guerre, soit 125 Milliards et demi ».

Les impôts d'État qui absorbaient en 1913 11.60 °/₀ du revenu national auraient absorbé 16.40 °/₀ du revenu de 1923 et 20 °/₀ du revenu de 1924.

Tous ces chiffres sont, à vrai dire, inconsistants et doivent être tenus pour inexistants.

*
* *

Imposition des Départements et des Communes (pp. 108 et 109).

Du paragraphe suivant, consacré aux impositions perçues au profit des départements et des communes, il n'y a à retenir que ceci : leur valeur s'élevait à 1 Milliard 59 Millions en 1913 ; elle a atteint 3.993 Millions en 1923, soit en 1923 un prélèvement de 377 contre un prélèvement de 100 en 1913.

*
* *

(1) Voir p. 107 et 108.

(2) Qui se refuserait à « subir une majoration » de son revenu ?

(3) Est-il admissible, après avoir déjà évalué la majoration des revenus de l'agriculture, de l'industrie et du commerce, de compter à part, sans faire en partie double emploi, « le produit des capitaux » ?

Contribution extraordinaire des Bénéfices de Guerre (p. 109 à 112).

Le chiffre de 18 Milliards paraît constituer le montant définitif de cette contribution. Les deux tiers de ce total (12 Milliards 59 Millions) ont été recouvrés, dont :

en 1920	2	Milliards	937	Millions
1921	3	—	312	—
1922	2	—	66	—
1923	1	—	333	—
1924	1	—	330 (1)	—

Classification logique des impôts français (p. 113 à 117).

On lira avec intérêt les deux tableaux des pages 115 et 116 consacrés à une classification économiquement et socialement logique de nos impôts. Il en ressort la preuve évidente du fait que nous avons souvent indiqué, à savoir que notre système fiscal d'avant-guerre n'était pas moins démocratique que le système actuel.

Le pourcentage du total des recouvrements fiscaux revenant :

était	en 1913	en 1923
	—	—
1° Aux impôts sur le revenu	18.7	27.7
2° Aux impôts sur le capital	26.2	20 1
Ensemble	44.9	47.8
3° Aux taxes somptuaires	0.2	3.2
4° Aux impôts sur « divers produits non indispensables à l'existence »	23.4	15.9
5° Aux taxes de consommation proprement dites	31.5	33.1

Nous ajoutons ici, en nous servant des données de ce tableau et de celui de la page 105, un calcul que le rédacteur de l'Inventaire n'a point fait et qui nous paraît cependant digne d'attention.

Prenant pour la valeur de 100 le rendement de chacun de ces 5 groupes d'impôts en 1913, nous indiquons la valeur relative des recouvrements de 1923.

(1) Ce dernier chiffre, extrait de la Situation des mouvements budgétaires publiés au *Journal Officiel*, du 17 janvier, ne figure pas naturellement dans l'Inventaire.

	1913	1923
	—	—
1° Taxes directes sur le revenu	100	738
2° Taxe sur le capital.	100	382
Ensemble 1° et 2°	100	524
3° Taxes somptuaires.	100	7.300
4° Impôts sur produits non indispensables à l'existence	100	339
Ensemble 3° et 4°	100	402
5° Taxes de consommation proprement dites. .	100	523

L'augmentation des recouvrements des impôts qui frappent la consommation des objets de consommation générale n'est donc pas plus élevée que celle des recouvrements des taxes qui frappent dans leur ensemble les revenus et les capitaux : 523 contre 524.

Il est vrai qu'elle le serait un peu plus que celle de l'ensemble des 4 premiers groupes, mais cela prouve seulement que le législateur n'a pas voulu ou osé augmenter, comme il aurait dû le faire, l'impôt de l'alcool et celui des tabacs.

S'il avait voté cette augmentation, les taxes de consommation proprement dites ne fourniraient pas aujourd'hui un pourcentage plus élevé qu'en 1913, et, au lieu d'être passés de 31.5 à 33.1, ils n'atteindraient pas 30 °/₀.

Encore convient-il de remarquer que : 1° dans le groupe des impôts frappant la consommation générale, figurent des impôts portant sur des produits non indispensables à l'existence, tels les denrées coloniales, les sucres pour la partie correspondant aux confiseries, les bougies, les essences et les pétroles pour la partie correspondant à l'emploi des automobiles ; 2° que le caractère protecteur des droits de douane ne permet pas, bien que ces droits retombent sur le consommateur, de les considérer uniquement du point de vue de la charge fiscale qu'ils créent.

Au surplus, l'Inventaire lui-même (p. 120) ramène à 1 Milliard 441 Millions le montant des impôts qui en 1923 ont frappé les produits « nécessaires » ; encore, dans ce chiffre figurent l'impôt des bougies et la totalité de l'impôt sur les denrées coloniales, ainsi que la totalité de l'impôt sur les sucres.

*
**

Rendement de notre système fiscal (pages 121 à 124).

Les pages que l'Inventaire consacre au rendement de notre régime fiscal, contiennent de bien intéressantes statistiques et dont il est possible d'extraire des renseignements du plus haut intérêt que le document n'a pas mis en lumière. Elles renferment, d'autre part, en ce qui concerne la comparaison des efforts fiscaux de la France avec ceux de l'Angleterre, des données que nous nous permettons de critiquer.

Voici, dans une disposition meilleure que celle du tableau de la page 123, le nombre des cotes des impôts sur les revenus, et le produit global des rôles de ces impôts depuis leur mise en application jusqu'au 31 mars 1924.

(*Voir les Tableaux de la page suivante*)

Tableau du Nombre des Articles des différents Impôts sur les Revenus

émis annuellement de **1916** *à* **1923** *inclusivement*

NATURE DE L'IMPOT	1916	1917	1918	1919	1920	1921	1922	1923
Impôt Général	270.691	486.815	611.901	707.339	556.348	1.003.916	1.121.407	954.648
Bénéfices I. et C.	—	—	1.048.313	1.059.975	1.283.890	1.394.155	1.496.781	1.563.245
Traitements, Salaires, etc	—	—	1.639.066	411.169	1.119.919	2.422.834	2.751.788	670.908
Bénéfices Agricoles	—	—	67.580	63.290	196.822	255.679	245.725	272.065
Bénéfices des Professions non commerciales	—	—	33.928	35.228	42.700	65.716	73.100	67.998
TOTAL	—	—	3.470.788	2.277.001	3.199.679	5.142.300	5.688.801	3.528.864

Produit Global en millions de Francs des rôles des Impôts sur les Revenus

émis depuis la mise en application de ces Impôts jusqu'au 31 Mai 1924

(des années **1916** *à* **1923** *inclus)*

NATURE DE L'IMPOT	1916	1917	1918	1919	1920	1921	1922	1923	1924
Impôt Général	51.3	270.2	597.8	611.8	1.094.4	1.436.7	1.211.2	1.411.8	2.665
Bénéfices I. et C	—	—	285.7	297	744.8	986.3	932.7	1.094.3	1.875
Traitements, Salaires, etc	—	—	65.6	64.5	129.9	296.5	327.7	155.3	267.4
Bénéfices Agricoles	—	—	2.3	2.5	18.4	28.5	19.5	24.4	47.1
Bénéfices des Professions non commerciales	—	—	5.5	6.6	23.8	45.7	50.1	54.2	87.2
TOTAL	—	—	957.2	982.5	2.011.6	2.794.1	2.541.6	2.740.3	4.941.7

Le nombre des cotes de l'*Impôt Général sur le Revenu* s'est abaissé de 707.000 à 556.000 de 1919 à 1920 ; il s'est élevé au contraire à 1 Million 3 mille en 1921, puis à 1 Million 121 mille en 1922, pour retomber à 954.000 en 1923.

Le nombre des cotes des *Bénéfices Industriels et Commerciaux* et celui des cotes des *Bénéfices Agricoles* s'est accru sans interruption depuis l'origine (1918). Pour les *Bénéfices des Professions non Commerciales* il en a été presque de même, sauf qu'en 1923 il y a eu 5.000 cotes de moins que l'année précédente.

La cédule de l'Impôt des *Traitements et Salaires* a, au contraire. subi des fluctuations considérables.

Elle a débuté en 1918 avec 1 Million 639 mille cotes; elle est tombée à 411.000 en 1919, s'est relevée à 1 Million 119 mille en 1920, puis à 2 Millions 422 mille en 1921, à 2 Millions 751 mille en 1922, pour s'effondrer à 670.000 cotes en 1923.

Il est donc nécessaire de conclure de ces chiffres que ce sont les avantages considérables faits aux redevables de l'inpôt sur les traitements et salaires qui ont entraîné la diminution du nombre des imposables à l'Impôt Général sur le Revenu.

Après cela il paraît inadmissible que le rédacteur de l'Inventaire croie devoir écrire à la page 124 : « On eût été en droit d'espérer une progression plus rapide » de l'ensemble de notre système d'imposition des revenus.

*
**

Comparaison des fiscalités anglaise et française (p 124 à 126).

La comparaison des fiscalités anglaise et française est de cette partie de l'Inventaire que nous étudions ici, le passage le moins satisfaisant.

Tout ce que le lecteur y trouve comme faits certains, c'est que l'Angleterre renferme 47 Millions d'habitants, que dans l'année financière 1923-1924, 269.331.000 Livres ont été perçues au titre de la Property tax et de l'Income tax et 60.640.000 Livres au titre de la Supertax ; c'est, enfin, qu'au change moyen de 80 francs la Livre, le total de ces deux sommes correspond à 26 Milliards 400 Millions de Francs.

Le rédacteur de l'Inventaire a malheureusement négligé d'indiquer que l'Income tax est un impôt proportionnel et que la supertax seule est un impôt progressif. En France il y a des taux différents d'imposition suivant la nature des cédules et de larges exemptions de base ; en Grande-Bretagne, *sauf des abatte-*

ments de base modérés pour les revenus du travail, tous les revenus, quelle que soit leur origine, qu'ils soient revenus du travail, des capitaux ou revenus mixtes *paient l'impôt au même taux* lequel a été de 22.50 °/₀ du revenu en 1922-1923 et 1923-1924. D'autre part il faut noter que *la Supertax n'atteint que la partie des revenus qui dépasse 2.000 Livres, soit*, la Livre calculée au taux de 80 francs, la partie des revenus supérieurs à *160.000 francs* qui seule dépasse ce chiffre.

Il suffit de faire un calcul très simple pour constater que, de l'ensemble des impôts dont elle frappe les revenus, l'Angleterre ne demande que 18 °/₀ à une taxation comportant la progressivité de l'impôt et demande 82 °/₀ à l'impôt proportionnel.

Le tableau de la page 125 sur la décomposition des revenus compris dans les rôles en Angleterre et en France doit également faire l'objet de quelques observations.

On s'étonne d'abord de ce qu'un document publié au début de 1925 ne puisse fournir comme données statistiques de ce genre que des données remontant à 1921 pour la France et à 1919-1920 pour l'Angleterre. On observe ensuite que ces tableaux sont incomplets parce qu'ils laissent de côté, pour la France les revenus inférieurs à 20.000 francs, pour l'Angleterre les revenus inférieurs à 400 Livres. On critique enfin le parallélisme prétendu des deux tableaux en faisant remarquer que, du moment que l'on table sur la base du cours du change de 80 francs la Livre, les revenus anglais de 400 Livres représentent 32.000 francs et que, par conséquent, même en éliminant pour la France la première catégorie de revenus donnée dans le tableau de gauche — ceux de 20.000 à 30.000 francs — le point de départ des revenus français est encore à un plan inférieur à celui des revenus anglais auxquels on les compare.

Faisons les rectifications nécessaires et nous aurons :

(*Voir le Tableau à la page suivante*)

FRANCE (Année 1921) **ANGLETERRE (Année 1919-1920)**

Catégories de Revenus	Nombre de Contri-buables	Montant des Revenus en Millions de Francs
Francs	(1)	(1)
32.000 à 50.000	59.000	2.280
50.000 à 100.000	36.340	2.603
100.000 à 500.000	19.120	3.431
500.000 à 1.000.000	756	511
Plus de 1.000.000	227	654
	(2) 115.443	(2) 9.479

Catégories de Revenus	Nombre de Contri-buables	Montant des Revenus en Milliers de Livres	Montant des Revenus au Change de 80 fr. la livre
Livres Sterling			
400 à 600	288.700	137.586	11.006
600 à 1.000	221.810	169.205	13.536
1.000 à 2.000	142.870	193.642	15.491
2.000 à 10.000	79.350	299.601	23.968
10.000 à 20.000	76.893	93.655	7.492
Plus de 20.000	3.377	147.445	11.795
	813.000	1.041.134	83.288

Le nombre de contribuables ayant plus de 32.000 francs de revenus est donc, en France, de 115.000 et, en Angleterre, de 813.000. Les revenus de ces 115.000 contribuables français sont, au total, de 9 Milliards 450 Millions au grand maximum ; ceux des 813.000 contribuables anglais ayant plus de 32.000 francs de revenus sont de 83 Milliards 300 Millions de francs.

Les revenus des 115.000 contribuables français de plus de 32.000 francs de revenus forment 10 °/₀ du total des revenus estimés de la France ; les 813.000 contribuables anglais, ayant plus de 32.000 francs de revenus touchent plus de 25 °/₀ des revenus estimés de l'Angleterre.

*
**

(1) Les chiffres concernant la première catégorie des revenus français sont certainement un peu supérieurs à la réalité, car, pour éliminer les revenus compris entre 30.000 et 32.000 francs de l'ensemble des revenus de 30.000 à 50.000 francs, nous avons pris les 18 vingtièmes de cet ensemble, alors que les revenus de 30.000 à 32.000 francs forment sûrement plus des deux vingtièmes de l'ensemble des revenus de 30.000 à 50.000 francs.

(2) L'observation de la note 1 retombe naturellement aussi sur le total.

Les lacunes de notre législation fiscale (pp. 126 à 135).

L'Inventaire estime que « la législation de nos impôts directs présente, sur de nombreux points, de très sérieuses lacunes ». Ces lacunes sont :

1° L'insuffisance de la taxation des revenus fonciers. « Les chiffres qui figurent sur les documents cadastraux ne semblent pas représenter une somme supérieure à la moitié des bénéfices que ferait ressortir une évaluation actuelle » ;

2° L'insuffisance de la taxation de « certains redevables » de l'impôt des bénéfices agricoles » ;

3° L'insuffisance de la taxation en matière de bénéfices des professions non commerciales ;

4° L'insuffisance des rentrées de l'impôt sur le revenu des valeurs mobilières.

D'autre part, l'Inventaire critique la base même de l'impôt sur le chiffre d'affaires.

1° Il est incontestable que les *revenus fonciers* sont taxés sur la base de revenus notablement inférieurs, en moyenne générale, aux revenus réels qu'ils procurent actuellement à leurs propriétaires, *mais seulement* dans le cas où ces propriétaires ou bien sont libres de fixer leurs prix de location en discutant à l'amiable avec le locataire ou bien habitent ou exploitent eux-mêmes leur propriété. Toute autre est la situation pour les propriétaires qui sont tenus de limiter les majorations des loyers de leurs immeubles ;

2° En ce qui concerne l'insuffisance du rendement de la cédule des bénéfices agricoles, cette insuffisance ne sera guère amoindrie par la taxation sur la base des bénéfices réels des *seuls* redevables pour lesquels le projet de la Commission des finances veut modifier l'assiette d'imposition ;

3° Les professions non commerciales ne peuvent pas être soumises à un régime fiscal d'impôts sur les revenus comportant une déclaration contrôlée, parce que le contrôle est dans ce cas pratiquement impossible pour l'ensemble de ces professions ; la déclaration contrôlée est même moralement et juridiquement impossible pour les deux principales catégories de professions libérales, les médecins et les avocats ;

4° Il n'est pas douteux, malheureusement, qu'en France, comme dans tous les pays du monde, une part du revenu des valeurs mobilières échappe à l'impôt général sur le revenu, mais est-il admissible qu'une publication officielle du Gouvernement fournisse (p. 128) des renseignements présentés sous une forme telle que le lecteur soit amené à se figurer, par le rapprochement de chiffres véritablement trop arbitraires, que la fraude fait échapper aux atteintes de l'impôt global 19 Milliards 300 Millions sur 23 Milliards de revenus mobiliers !

Sans doute l'Inventaire observe que « de très larges abattements doivent être opérés sur le chiffre de 23 Milliards pour atteindre le niveau des revenus soumis à l'impôt général ». Il reconnaît que « le portefeuille des Banques et Sociétés, les valeurs détenues par des étrangers, les titres possédés par la masse des petits porteurs exonérés de l'impôt général » sont « les principaux chapitres au titre desquels ces abattements doivent être faits » ; mais, sous prétexte qu'il est « impossible de chiffrer *exactement* le montant des sommes correspondant à des revenus exonérés » il ne tente même pas, ce qui eût été possible à l'administration, de donner une idée de l'ordre de grandeur de ces exonérations légales, et il laisse le lecteur peu habitué à des études de ce genre sous l'impression du rapprochement des chiffres invraisemblables cités plus haut.

Pourtant, l'importance du portefeuille des titres des Banques et Sociétés soumises au droit de communication peut être fixée avec exactitude par l'administration de l'enregistrement ; pourtant, il était possible de rappeler que l'intérêt des bons du Trésor ne dépassant pas l'échéance d'un an est légalement exempté de l'impôt général. Le classement des rentes françaises mises au nominatif n'est pas une inconnue pour l'Etat. Il était certainement possible de tirer de toutes ces données l'indication d'un ordre de grandeur des exemptions en vertu desquelles une partie des revenus mobiliers échappe légalement à la taxation du revenu global.

Peut-être n'est-il pas excessif d'estimer au quart des revenus mobiliers touchés en France la part de cette catégorie de revenus possédés par des citoyens français ayant au plus 6.000 francs de revenu global ou un revenu supérieur à ce chiffre mais qui, à raison de leurs charges de famille, bénéficient d'une exemption totale d'imposition pour l'ensemble de leur revenu. Nous rappelons que le capital de la dette flottante à moins d'un an atteint 64 Milliards environ et que l'administration est en mesure de connaître le revenu des valeurs mobilières des Sociétés soumises au droit de communication. Quand l'addition de ces trois « postes » aura été effectuée on constatera, nous en sommes persuadés, que la fraude fiscale en matière de revenus des valeurs mobilières est beaucoup et même infiniment moins importante que le rédacteur de l'Inventaire ne l'a laissé entendre malencontreusement à la veille de la réunion de la Conférence

Financière Interalliée qui devait s'efforcer de régler officieusement la question des dettes interalliées !

Si l'Inventaire relève des « lacunes » dans notre système fiscal, il doit être permis de relever des lacunes dans ses observations.

L'Inventaire n'a pas cru devoir nous faire connaître l'avis de M. le Ministre des Finances sur la cédule des bénéfices des professions industrielles et commerciales.

N'y aurait-il pas à ce propos, cependant, une intéressante « lacune » à relever dans la manière d'opérer de l'administration qui s'entête à réclamer aux redevables de cet impôt plus qu'ils ne devraient payer parce qu'elle prétend appliquer en matière d'imposition des Bénéfices Industriels et Commerciaux le principe périmé de l'annualité.

Si l'impôt des Bénéfices Industriels et Commerciaux est dû sur les bénéfices réalisés, il n'y a d'impôt véritablement dû que si l'entreprise est en bénéfices, or elle n'est en bénéfices que si, après le report des pertes antérieures en tête du bilan annuel, ces pertes sont plus que comblées en fin d'exercice, car seulement alors existe un bénéfice réel.

Impôt sur le chiffre d'affaires (p. 130).

Avec juste raison, le rédacteur de l'Inventaire constate : 1° que le rendement de cet impôt est en progression constante et que de 1 Milliard 897 millions, en 1921, il s'est élevé à 2 Milliards 280 millions en 1922, qu'il a dépassé 3 Milliards en 1923 et doit atteindre 4 Milliards en 1924 (1) ; 2° qu'« étant encaissé mois par mois ou trimestre par trimestre, il donne à la trésorerie des versements échelonnés qui lui sont très précieux ».

Il aurait pu aller plus loin, et, endossant l'opinion courageusement défendue par le professeur J. Lescure dans un numéro récent de la *Revue Politique et Parlementaire*, proclamer « qu'en période de papier-monnaie et de change erratique, un bon impôt est un impôt dont le rendement varie comme le prix » et conclure enfin que la taxe sur le chiffre d'affaires est, à ce titre, dans les circonstances présentes le type idéal du bon impôt.

Il a préféré, après avoir constaté que la taxe sur le chiffre d'affaires constitue un impôt général de consommation, conclure que des exonérations ou des atténuations en faveur de *certaines classes de contribuables* font partie des réformes à envisager touchant cet impôt. Pratiquement, cela ne peut

(1) Il a atteint en 1924 la somme de 4 Milliards 90 millions.

aboutir qu'à permettre à ces classes de contribuables de profiter dans leur intérêt exclusif de cette faveur. Si, en effet, leurs concurrents paient la taxe, le montant de cette taxe s'ajoutera dans les prix généraux moyens ; ceux qui continueront à en rester redevables ne feront que se rembourser de leur avance en la mettant dans leurs frais généraux et, partant, dans leur prix de vente. Ceux qui, au contraire, en seront dispensés par « faveur légale », la mettront également dans leurs frais généraux et dans leur prix de vente ; ils la recouvreront par conséquent sur leur clientèle, c'est-à-dire qu'en fin de compte, ils percevront l'impôt à leur profit. L'impôt cependant n'est dû qu'à l'Etat : permettre à une classe d'individus de le percevoir à son profit est ce une réforme vraiment démocratique dont le besoin se faisait impatiemment sentir ?

*
* *

Les Monopoles fiscaux (p. 135 à 140). — **Tabac.**

Le monopole des tabacs a donné :

	en 1913 —	en 1923 —	Augmentation °/₀ de 1923 sur 1913
Produit brut	545.0	1.816.7	231.5
Dépenses	108.7	524.2	382
Produit net	436.3	1.282.5	194

En 1913 le produit net était égal à 80 °/₀ du produit brut ; il est de 70 °/₀ seulement de ce même produit en 1923.

L'Etat, aujourd'hui que le franc-papier vaut environ le quart du franc-or, fournit aux fumeurs pour un franc 10 papier, c'est-à-dire pour 28 centimes 1/2 or, le tabac qu'il leur faisait payer 0 fr. 50 franc-or en 1913. Cette consommation de luxe n'impose donc aujourd'hui aux fumeurs qu'un sacrifice à peine plus élevé que la moitié du sacrifice qu'ils devaient faire avant-guerre pour la satisfaction de cette même et inutile passion, cependant que le kilog. de pain est à 1 fr. 60 contre 0 fr. 35 avant la guerre ! Si le tabac était payé seulement en proportion du prix du pain, il devrait valoir 2 fr., et l'Etat devrait en tirer non pas 1 Milliard 282 Millions de produit net, mais bien plus de 2 Milliards et demi. Le prix du tabac aurait dû être relevé plus que celui du pain et équitablement le monopole des tabacs devrait rapporter à l'Etat plus de 3 Milliards. Le voilà l'argent qui devrait revenir à l'Etat ; voilà où il faut le prendre.

*
* *

Allumettes.

Le Monopole des Allumettes a donné :

	en 1913	en 1923	Augmentation °/₀
	—	—	—
Produit brut	44.5	127.3	189
Dépenses	12.6	55.6	358
Produit net	31.9	71.7	129

Le rapport du produit net au produit brut était de 72.7 °/₀ en 1913 ; il n'est plus que de 56.3 °/₀ en 1923.

*
* *

Conclusion.

Si dans les pages qui précèdent, nous avons apprécié sévèrement les trop nombreuses erreurs et les regrettables lacunes de l'Inventaire de la Situation Financière de la France au début de la 13e législature, ce n'est pas pour la vaine satisfaction de prendre en flagrant délit d'inexactitude un document officiel, mais parce que ce document, à cause de son titre et de la réclame qui lui est faite, est susceptible de propager à travers le pays et à l'étranger, des idées complètement erronées sur notre système fiscal et sur l'effort fiscal des contribuables français.

Ces contribuables ont supporté héroïquement l'effort fiscal qui leur a été demandé ; jusqu'ici « ils ont tenu », mais à quel prix ! Au prix d'une dangereuse diminution de l'esprit d'épargne comme de l'épargne même.

Le législateur ne doit pas se dissimuler que l'avenir économique et social de la France ne peut être assuré que si le pays recouvre la possibilité d'épargner comme il le faisait avant la guerre. Si le législateur se rend compte de cette impérieuse nécessité, il n'a plus en matière de fiscalité une seule faute à commettre.

Index Alphabétique

Imprimerie Benderitter, rue Saint-Jacques, 11-15, Le Mans. — 25128

Comité Central d'Études et de Défense Fiscale

31, Rue de Valois, PARIS (1er Arrt)

BULLETIN D'ADHÉSION

Le soussigné (nom, prénoms, profession),..

demeurant à.............................., *rue*.............................., *département*..............................

déclare adhérer au **Comité Central d'Études et de Défense Fiscale,** *en qualité de membre* (1)..............................

Veuillez **trouver sous ce pli un chèque** *de* (2)..............................

Veuillez faire encaisser chez moi la somme de..............................

le.............................. *19*..........

SIGNATURE :

(1) 1° ***Membre promoteur*** versant une cotisation annuelle de CINQ CENTS FRANCS.
2° ***Membre actif*** — — de TROIS CENTS FRANCS.
3° ***Membre sociétaire*** — — de CENT FRANCS.

(2) Ne laisser subsister que le mode de paiement choisi.

N.-B. — Prière de renvoyer le présent Bulletin au Trésorier du COMITÉ CENTRAL, 31, rue de Valois, Paris.

Pour toute demande de tracts, programme, statuts et bulletin d'adhésion, s'adresser au Secrétaire Général du COMITÉ CENTRAL, 31, rue de Valois, Paris (1er Arrond.)

Article 3. — Le siège de l'Association est fixé à Paris, rue de Valois, 31.

Article 4. — L'Association comprend :

1° Des Membres Promoteurs qui paient une cotisation annuelle de . . . . 500 fr.

2° Des Membres Actifs qui paient une cotisation annuelle de. . . . . 300 fr.

3° Des Membres Sociétaires qui paient une cotisation annuelle de. . . . . 100 fr.

Article 5. — L'Association est représentée par un Conseil composé d'un Président, de plusieurs Vice-Présidents et Secrétaires, d'un Trésorier et de Membres Conseillers.

Les fonctions de Membres du Conseil sont gratuites.

Toutefois, le Secrétaire Général chargé de centraliser les services et d'en assurer le fonctionnement est rémunéré.

Article 6. — Le Conseil primitivement composé des fondateurs se recrute par voix de cooptation

Il a les pouvoirs d'administration les plus étendus dans les limites de l'objet social.

Article 7. — Chaque année le Conseil convoque une Assemblée Générale de tous les Membres de l'Association et fixe l'ordre du jour.

Article 8. — L'Assemblée Générale est valablement constituée quel que soit le nombre des Membres présents.

Article 9. — Dans toute Assemblée Générale, chaque Membre promoteur a droit à *cinq voix*, chaque Membre actif a droit à *trois voix*, chaque Membre sociétaire a droit à *une voix*.

Article 10. — En cas de dissolution, qui ne pourra être prononcée qu'au cours d'une Assemblée Générale réunie à cet effet, le Conseil a seule qualité pour procéder à la liquidation de l'Association et à l'attribution de l'actif social.

Les Membres du Comité Central ne pourront sous aucun prétexte prétendre à une part quelconque de cet actif, qui sera attribué à une Association ayant un objet analogue.

Le Comité Central d'Etudes et de Défense Fiscale a, à côté de ses services d'études générales pour la défense des principes généraux dont il se réclame, un service annexe de consultations orales ou écrites qui étudie, dans l'intérêt de ses adhérents seuls, les cas spéciaux les concernant.

T. S. V. P.

L'IMPOT SUR LE CHIFFRE D'AFFAIRES

PRIX : **5 francs** — **SEPTEMBRE 1920**

LES DISPOSITIONS FISCALES

CONTENUES DANS LA LOI DU BUDGET DE 1920

(*Loi du 31 Juillet 1920*)

PRIX : **2 francs** — **SEPTEMBRE 1920**

LES DISPOSITIONS FISCALES

DES LOIS D'AVRIL ET MAI 1921

PRIX : **2 francs** — **JUIN 1921**

LES DISPOSITIONS FISCALES

DE LA LOI DU BUDGET DE 1922

PRIX : **2 francs** — **JANVIER 1922**

LES DISPOSITIONS FISCALES

DES LOIS DE JUIN ET JUILLET 1922

PRIX : **2 francs** — **AOUT 1922**

RÈGLEMENTATION
DE L'EXERCICE DU PRIVILÈGE DU TRÉSOR

SUR LES IMMEUBLES,
FONDS DE COMMERCE ET NAVIRES EN MATIÈRE DE BÉNÉFICES DE GUERRE

(*Loi du 10 Août 1922*)

PRIX : **2 francs** — **AOUT 1922**

LES DISPOSITIONS FISCALES

CONTENUES DANS LES TEXTES LÉGISLATIFS
PROMULGUÉS ENTRE LE 28 DÉCEMBRE 1922 ET LE 1er MAI 1923

PRIX : **2 francs** — **MAI 1923**

LES DISPOSITIONS FISCALES

CONTENUES DANS LES TEXTES LÉGISLATIFS PROMULGUÉS EN JUILLET 1923

PRIX : **3 francs** — **JUILLET 1923**

LES NOUVELLES RESSOURCES FISCALES

CRÉÉES PAR LA LOI DU 22 MARS 1924
ET AUTRES DISPOSITIONS FISCALES PROMULGUÉES DE
SEPTEMBRE 1923 A AVRIL 1924

PRIX : **5 francs** — **AVRIL 1924**

LOIS ET DISPOSITIONS FISCALES

PROMULGUÉES ENTRE LE 24 AVRIL ET LE 2 AOUT 1924

PRIX : **2 francs** — **AOUT 1924**

LES DISPOSITIONS FISCALES

PROMULGUÉES DU 3 AOUT AU 1er DÉCEMBRE 1924

PRIX : **4 francs** — **DÉCEMBRE 1924**

Il est fait une remise de 40 °/o sur les prix indiqués en faveur de nos adhérents. Le Comité Central a publié des additifs aux brochures ci-dessus indiquées et qu'il y joint sans augmentation de prix.

www.ingramcontent.com/pod-product-compliance
Ingram Content Group UK Ltd.
Pitfield, Milton Keynes, MK11 3LW, UK
UKHW022152260726
13993UKWH00005B/2317